LOS DINOSAURIOS SON DIFERENTES

ALIKI

Editorial Juventud

Para David y Adrian Lagakos

Agradezco a Kathleen Zoehfeld y a Williams F. Simpson,
jefe preparador de Fósiles Vertebrados, del Field Museum
of Natural History, su inestimable ayuda.

Título original: DINOSAURS ARE DIFFERENT
© 1985 by Aliki Brandenberg
Publicado con el acuerdo de HarperCollins Publishers, Inc.
© de la traducción española:
EDITORIAL JUVENTUD, 1993
Provenza, 101 - 08029 Barcelona
Traducción de Herminia Dauer
Primera edición, 1993
Depósito Legal: B. 34.949-1993
ISBN 84-261-2753-3
Núm. de edición de E. J.: 8.905
Impreso en España - Printed in Spain
I. G. Quatricomia, S. A. Besòs, 26 - 08291 Ripollet (Barcelona)

LOS DINOSAURIOS SON DIFERENTES

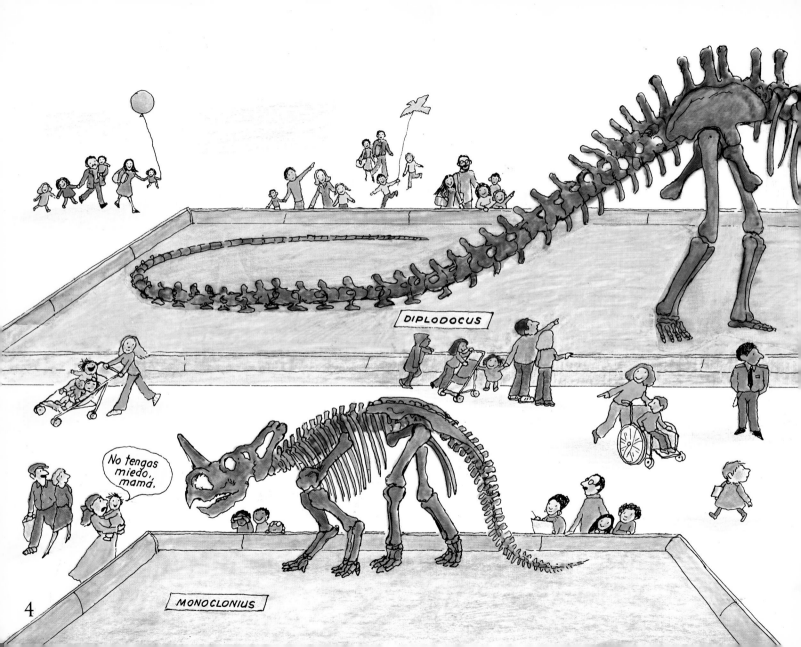

4

A mí me gusta visitar los dinosaurios.
Me gusta estudiar sus esqueletos.
Observando sus huesos,
he aprendido mucho de los dinosaurios.

Cuando vi el *tiranosaurio*,
supe que era un carnívoro.
Sus dientes son largos y puntiagudos.
Un *iguanodón*, en cambio, no podría masticar carne.
Sus dientes son demasiado chatos.
Estaban hechos para triturar plantas.

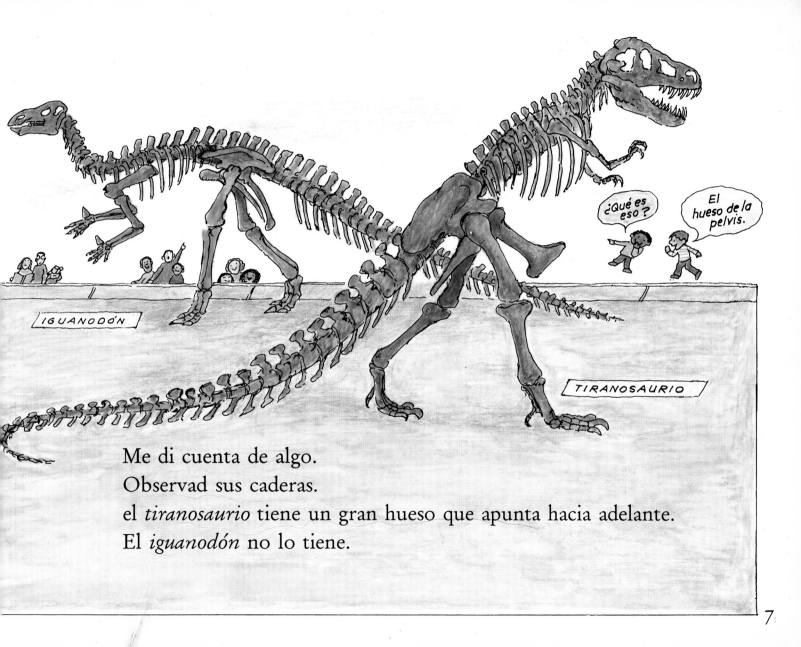

Me di cuenta de algo.
Observad sus caderas.
el *tiranosaurio* tiene un gran hueso que apunta hacia adelante.
El *iguanodón* no lo tiene.

Miré otros esqueletos
y vi que los dinosaurios no tienen pelvis
como el *tiranosaurio*.
Otros las tiene como el *iguanodón*.
Me pregunté por qué.
Pero pronto lo supe.
Los dinosaurios son diferentes.

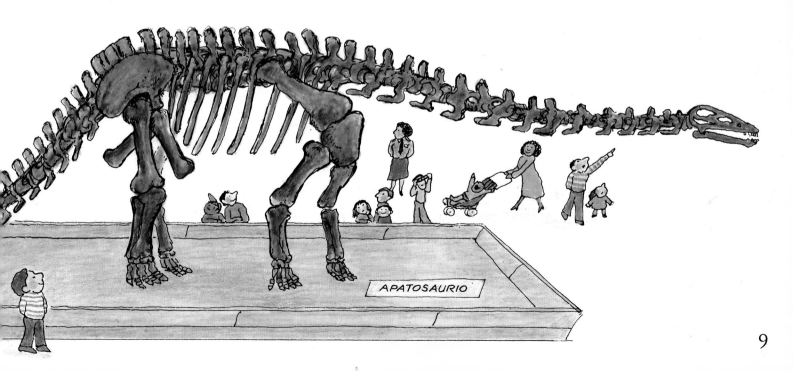

APATOSAURIO

El *tiranosaurio* y el *iguanodón* eran parientes.
Cada uno pertenecía a un orden distinto de dinosaurios.
El *tiranosaurio* era un dinosaurio SAURISQUIO.
El *iguanodón* era un dinosaurio ORNITISQUIO.
Los saurisquios y los ornitisquios pertenecen a un
importante grupo llamado ARCOSAURIOS, «reptiles dominantes».
También otros saurios pertenecían a este grupo:
los TECODONES, los COCODRILOIDEOS y los PTEROSAURIOS.
Pero había más dinosaurios aparte los arcosaurios.
Los dinosaurios dominaron la tierra por espacio
de 140 millones de años.

ARCOSAURIOS
(Reptiles dominantes)

TECODONTES
(antecesores de los dinosaurios)

COCODRILOIDEOS
(los cocodrilos modernos)
inclusive

PTEROSAURIOS
(reptiles)
alados

SAURISQUIOS
(dinosaurios de)
pelvis de lagarto

ORNITISQUIOS
(dinosaurios de)
pelvis de ave

Terópodos
(prosaurópodos)
Saurópodós

Ornitópodos
Estegosaurios
Anquilosaurios
Cerátopos

Los cocodrilos aún no se han extinguido.

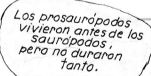

Los prosaurópodos vivieron antes de los saurópodos, pero no duraron tanto.

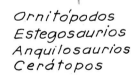

11

Todos los dinosaurios son saurisquios u ornitisquios.
Se dividen en estos dos órdenes
por tener estructuras diferentes.
Una gran diferencia entre los dos grupos
la marcan sus pelvis.

¿Qué es un dinosaurio?

Un dinosaurio es un reptil.

¿Qué es un reptil?

Un reptil es un animal de sangre fría. Esto quiere decir que está tan frío o caliente como el aire que lo rodea.

Un reptil pone huevos.

Y sus huevos tienen cáscara.

¡Pero un dinosaurio es diferente!

No se arrastraba sobre el vientre como una serpiente.

Tampoco andaba sobre patas dobladas y pies planos, como un lagarto.

Los dinosaurios eran los únicos reptiles que iban erguidos.

Con las rodillas rectas y el vientre bien alto.

¿Qué más?

Un dinosaurio es un ARCOSAURIO, y los arcosaurios tienen el cráneo distinto.

Todos los arcosaurios tienen cráneos diápsides.

CRÁNEOS DE REPTIL

SIN ORIFICIO — ANÁPSIDE

CON UN ORIFICIO BAJO — SINÁPSIDE

CON UN ORIFICIO ALTO — EURIÁPSIDE

CON DOS ORIFICIOS — DIÁPSIDE

¡Cuánto sabes!

Sigue.

Un dinosaurio es un saurisquio o bien un ornitisquio. Se diferencian por las pelvis.

¡Este chico ha de quedar sin aliento!

13

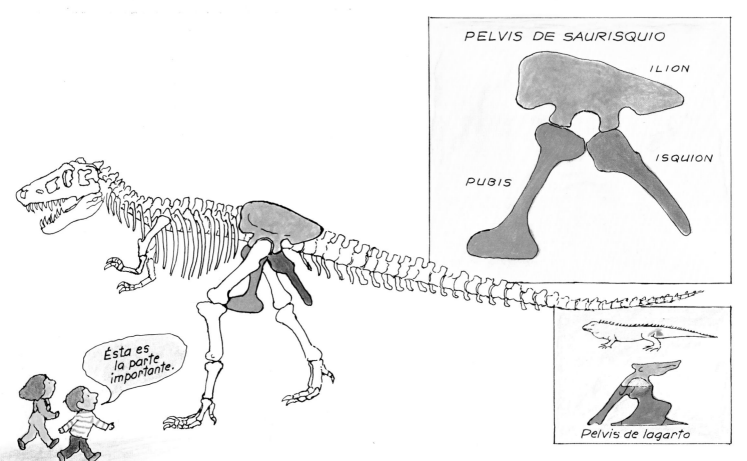

Los saurisquios son dinosaurios de «pelvis de lagarto».
Tienen pelvis como otros reptiles.
Un hueso pelviano apunta hacia delante.
El otro apunta hacia detrás.

PELVIS DE ORNITISQUIO

ILION

ISQUION

PUBIS

¿Lo ves?

Pelvis de ave

Los ornitisquios son dinosaurios de «pelvis de ave».
Sus pelvis se parecen a las de las aves.
Ambos huesos pelvianos apuntan en la misma dirección:
hacia atrás.

También son distintas las quijadas.
Un saurisquio tiene un dentario:
una robusta quijada que sostiene los dientes.
Lo mismo se da en otros reptiles.
El ornitisquio tiene, delante de los dientes,
un hueso especial en forma de pico,
llamado predentario.
Ningún otro reptil tiene un predentario.

17

Estas claves nos ayudan a distinguir los saurisquios
de los ornitisquios. Pero podemos equivocarnos.
Porque incluso los dinosaurios pertenecientes
a un mismo orden difieren entre sí.

Los saurisquios se dividen en dos subespecies:
SAURÓPODOS y TERÓPODOS.
En su mayoría, los saurópodos eran herbívoros.
Casi todos eran gigantescos, y todos caminaban sobre cuatro patas.

SAURISQUIOS
SAURÓPODOS

¿Qué es eso?

El orden, la subespecie, el tipo de pelvis, y el color verde significa "herbívora".

El rojo significará, pues, "carnívoro".

DIPLODOCUS
27 metros de largo
9,000 Kilos

Éste fue el dinosaurio más largo de todos.

Para su tamaño, no tenía muchos dientes.

APATOSAURIO
unos 21 metros de largo
30,000 Kilos

Antes se le conocía como BRONTOSAURIO.

19

Los terópodos caminaban sobre dos patas.
Todos eran carnívoros.
Los *celurosaurios* eran terópodos pequeños.

Los *deinonicosaurios* eran terópodos con garras.

Los terópodos gigantes se llamaban *carnosaurios*.
Eran los más fieros de todos.

TIRANOSAURIO
12 metros de largo
7.000 kilos de peso

21

También hay diversas clases de ornitisquios.
Se dividen en cuatro subespecies:
ORNITÓPODOS, CERATÓSIDOS, ESTEGOSAURIOS
y ANQUILOSAURIOS.
Los ornitópodos tenían dos poderosas patas.
Escapaban fácilmente de sus enemigos...

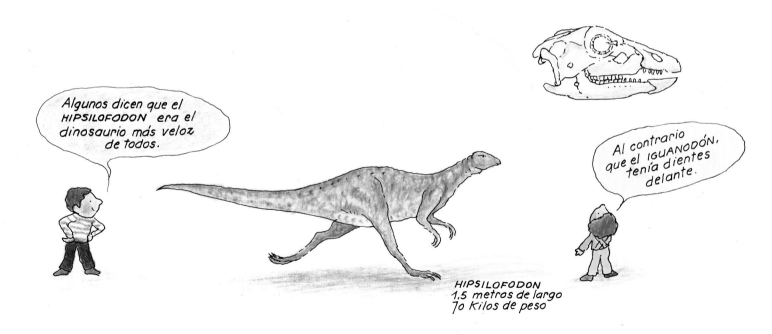

Algunos dicen que el HIPSILOFODON era el dinosaurio más veloz de todos.

Al contrario que el IGUANODÓN, tenía dientes delante.

HIPSILOFODON
1,5 metros de largo
70 Kilos de peso

o los ahuyentaban con su recia cola.

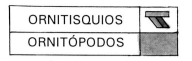
Los *hadrosaurios* eran ornitópodos con pico de pato.
Tenían centenares de dientes y un pico plano,
pies palmeados y una poderosa cola
en forma de remo para ayudarles a nadar.
Los «pico de pato» tenían una huesuda cresta.

Dedos
palmeados

ANATOSAURIO
9 metros de largo
3.000 Kilos

CORITOSAURIO
9 metros de largo
4.000 Kilos

24

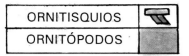
Los *psittacosaurios* y *paquicefalosaurios*
también eran ornitópodos.
El *psittacosaurio* tenía pico de loro.
El *paquicefalosaurio* era de cabeza cupuliforme.

El PSITTACOSAURIO
18 metros de largo
25 Kilos

PAQUICEFALOSAURIO
6 metros de largo
900 Kilos

Todos los demás ornitisquios —ceratósidos,
estegosaurios y anquilosaurios—
andaban sobre cuatro patas.
Tenían la piel dura y buena protección ósea.
Los ceratósidos eran dinosaurios cornudos.

3 cuernos mortales y un gran collar de hueso.

¡Menudo peso llevaba encima!

¡Y qué defensas!

TRICERATOPS
7,5 metros de largo
8.000 kilos

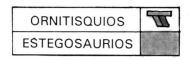

Los estegosaurios eran dinosaurios provistos de placas.

ESTEGOSAURIO
6 metros de largo
2.300 Kilos

28

Los anquilosaurios eran dinosaurios acorazados.

ANQUILOSAURIO
5 metros de largo
1,800 Kilos

ESCOLOSAURIO
6 metros de largo
2,700 Kilos

Los dinosaurios cornudos, acorazados y con placas
eran torpes y lentos.
No podían dejar atrás a sus enemigos.
Pero... ¿quién querría acercárseles?
¡Yo no!
No temáis. No tenemos por qué preocuparnos.
Los dinosaurios se extinguieron hace 65 millones de años.
Pero me alegro de que nos quedaran sus huesos,
porque nos permiten saber mucho acerca de ellos.

ARCOSAURIOS
(Reptiles dominantes)

 **SAURISQUIOS**
(pelvis de lagarto)

 ORNITISQUIOS
(pelvis de ave)

■ SAURÓPODOS
Apatosaurio
Camarasaurio
Diplodocus

■ TERÓPODOS
Celurosaurios
Celofysis
Deinonicosaurios
Deinónico
Carnosaurios
Tiranosaurio

■ ORNITÓPODOS
Hipsilofodon
Iguanodón
Paquicefalosaurio
Psittacosaurio
Hadrosaurios
Anatosaurio
Coritosaurio

■ CERATÓSIDOS
Monoclonius
Triceratop

■ ESTEGOSAURIOS
Estegosaurio

■ ANQUILOSAURIOS
Anquilosaurio
Escolosaurio

■ = Herbívoro
■ = Carnívoro